AF312512

STATUTS

ET

REGLEMENS

*De la Communauté des Maîtres BOURSIERS,
Colletiers, Calottiers, Culottiers, Caleçonniers,
seuls faiseurs de brayers, bonnets, calottes
de cuir, buftes, guêtres, bas de chamois,
gibecieres, mascarines, escarcelles de drap
d'or, d'argent, soye, maroquin, cuir noir &
blanc, tanné en huile, & autres étoffes généralement quelconques de la Ville, Fauxbourgs, Banlieue, Prévôté & Vicomté de
Paris.*

*Tirés des anciennes Ordonnances rendues en fa-
veur de ladite Communauté par Philippe de*

A

Valois de l'année 1342, Charles VI. des années 1398 & 1414, Louis XII. de l'année 1514, Charles IX. de 1574 enregistrées au huitieme feuillet de la Table du Registre appellé le Livre noir neuf étant en la Chambre du Procureur du Roi au Châtelet de ladite Ville de Paris ; ensemble des Lettres Patentes de Louis XIV. du mois de Décembre 1659. enregistrées au Parlement le 8. Avril 1664, dont les renouvellement, explication & confirmation sont demandés à Sa Majesté Louis XV. accordées au mois d'Avril 1750. registrés en Parlement le 26. Août 1756.

ARTICLE PREMIER.

IL est ordonné que les anciennes Ordonnances de Philippes de Valois de l'année 1342. Charles VI. des années 1398. & 1414. Louis XII. de l'année 1514. Charles IX. de l'année 1574. les Lettres Patentes de Louis XIV. du mois de Décembre 1659. registrées au Parlement le 8. Avril 1664. seront exécutées selon leur forme & teneur ; & en conséquence que les Maîtres Boursiers, Colletiers, Calotiers, Culotiers, Calçonniers, seuls faiseurs de brayers, bourses, sacs de telle façon, étoffe & nature que ce puisse être, bonnets quarrés garnis de leurs houpes ou sans houpes, bonnets de femme piqués ou non piqués & toutes sortes de bonnets, calottes de cuir, buffles, guêtres, bas de chamois, gibecieres, mafcarines, cartouches & gibernes, efcarcelles de drap d'or, d'argent, en foye, maroquin, cuir & autres étoffes généralement quelconques de la Ville, Faubourgs, Banlieue, Prevôté & Vicomté de Paris, qui en les fuivant ont élevé leur art au plus haut degré de perfection; & pour d'autant plus les porter à les y maintenir, ou même augmenter, feront maintenus & gardés dans tous les droits & privileges, franchifes & facultés à eux accordés par lefd. Ordonnances, Lettres Patentes & Arrêts d'enregiftrement, pour jouir ainfi qu'ils ont fait par le paffé, pourquoi ne pourront être diftraits de leur jurifdiction naturelle qui eft la Chambre de Police de ladite Ville, Prevôté & Vicomté de Paris.

Art. II.

Et d'autant que l'art & métier defdits Maîtres Bourfiers a pour objet dans les différens ouvrages qu'ils font, d'un côté la fûreté & commodité des particuliers, de l'autre l'avantage & utilité du public, il eft néceffaire que la Communauté foit conduite par des perfonnes de probité & éclairées, pourquoi il fera dorénavant nommé quatre Jurés au lieu de trois, fuivant l'Arrêt du Confeil d'Etat du 22. Mai 1745. & celui du 1. Février 1746. dont deux tous les ans le 11. Août, & deux autres le même jour l'année fuivante, defquels il fera nommé tous les deux ans un Ancien de ceux qui auront déja paffé par les Charges : en forte qu'il y ait toujours un Ancien en Charge avec les trois autres Modernes ou Jeunes, & ce à la pluralité des voix de tous les Anciens d'icelle, huit Modernes & huit Jeunes, suivant la délibération de la Communauté du 26. Août 1738. homologuée par Sentence de Police du 2. Septembre de ladite année, pardevant le Procureur du Roi du Châtelet, & la Commission délivrée en la maniere accoûtumée ; & sera reconnu pour Doyen en ladite Communauté le plus ancien de tous ceux qui auront passé par les Charges de Jurés, pourvû qu'il soit homme de probité & d'honneur, suivant lesdits Arrêts du Conseil des 22. Mai 1745. 1. Février 1746. confirmé par celui du 30. Juillet 1748. lequel assistera les Jurés de ses conseils lorsque par eux il en sera requis, & recevra les mêmes droits & honoraires que les Jurés

A R T. I I I.

En ajoutant auxdits anciennes Ordonnances pour le bien & l'avantage de ladite Communauté, & pour la conservation des titres, papiers, & autres effets, il y aura au Bureau d'icelle, un coffre ou armoire dans lequel seront enfermés tous lesdits titres, papiers & effets, dont chacun des Jurés, & le Doyen en auront chacun une clef ; & les deux anciens Jurés qui changeront de six mois en six mois à tour de rolle, & suivant le catalogue, en auront chacun une, pour lesdits deux anciens & le Doyen assister les Jurés quand ils en seront par eux requis, dans la pourfuite & follicitaiton des affaires de ladite Communauté.

A r t. I V.

Ne feront nommés à la charge de Juré que des perfonnes de probité & de la Religion Catholique, Apoftolique & Romaine, qui veilleront inceffamment à la confervation des Privileges dudit métier, feront leurs vifites au moins deux fois tous les ans chez tous les Maîtres de ladite Communauté, & dans les maifons, chambres, magazins & greniers des contrevenans ; & leur fera payé par chacun des Maîtres à chacune defdites vifite 10 f. à leur profit, ainfi qu'il eft d'ufage, conformément à la délibération de la Communauté du 7. Août 1741. homologuée par Sentence du 18. dudit mois, feront faire toutes les faifies des ouvrages d'étoffes, outils & autres chofes dépendans dudit métier, qu'ils trouveront en contravention, fans qu'ils ayent befoin pour les Maîtres de leur Communauté, de mandemens, vifa, ni paréatis en l'étendue de la ville, fauxbourgs & banlieue de Paris, autres que leurs Lettres de commiffion, de jurande duement fcellées, attendu qu'il s'agit d'un fait de police, dont ils feront leur rapport devant le Procureur du Roi audit Châtelet, en conféquence de l'article 1. des préfens Statuts ; & obferveront les formalités requifes, lorfqu'ils iront chez les Marchands ou Maîtres des autres Communautés qui pourroient fe trouver en contravention.

A r t. V.

Nul ne pourra parvenir à la maîtrise qu'il n'ait été obligé pour quatre années entieres, en qualité d'apprentif chez l'un des Maîtres de la Communauté, pardevant Notaires en présence des Jurés, que son brevet n'ait été regiftré fur le regiftre de ladite Communauté, & qu'à fon entrée il n'ait payé à la boëte la fomme de 20 livres pour fubvenir aux affaires d'icelles ; 5. livres à la Confrairie ; 3. livres à chacun des Jurés , & fatisfait aux autres droits.

A r t. VI.

Ne pourront les Maîtres avoir plus d'un apprentif pendant les quatre années d'apprentiffage : pourront néanmoins après trois ans & fix mois expirés dudit apprentiffage en prendre un fecond ; en cas d'abfence, fuite, ou défobéiffance, demeurera l'apprentif déchu de la maîtrise; & ne fera permis de donner aucune remife dudit tems par contre-lettre, ni autre paction telle qu'elle puiffe être, à peine de 100 liv. contre les Maîtres en faveur de la Confrairie.

A r t. VII.

Les 1. & 8. articles des Ordonnances du 1. Mars 1714. & le 4. de celle du 18. Juillet 1574. feront exécutés, & fuivant iceux, tout compagnon qui aura fini fon tems d'apprentiffage en la ville de Paris, fera tenu après ledit tems de fervir l'un des Maîtres trois années entieres , dont ils rap-

portera les certificats en bonne forme , puis fera
admis au chef-d'œuvre par les Jurés en charge ;
& ne pourront les Maîtres prendre à leur fervice
aucun compagnon , qu'il n'en ait auparavant aver-
ti le Maître de chez qui il fort , & fçu de lui s'il en
eft fatisfait , à peine d'amende comme deffus.

Art. VIII.

Si aucuns des apprentifs ou compagnons dudit
métier fe laiffent emporter à quelque violence ,
extorfion , larcins , ou entreprife contre leurs Maîtres , enfans , parens ou domeftiques d'iceux , ils
font dès-à-préfent déchus de la maîtrife , fans
qu'il foit befoin de jugement & condamnation ;
& leurs procès leur feront faits & parfaits aux dé-
pens de la Communauté.

Art. IX.

Et comme il eft de l'interêt public que ledit art
foit exercé par des gens expérimentés , les compagnons étrangers ne pourront travailler , que les
Jurés n'ayent jugé de leur capacité ; à l'effet dequoi feront tenus de faire expérience en la maifon
de l'un d'eux , ou au Bureau de la Communauté ,
d'une bourfe à jettons de velours bien & duement
étoffée , avec une gibeciere bien & duement faite ,
fermante à ferrure ou reffort , ou un brayer brifé ,
fans pouvoir le tenir plus de trois jours ; & avant
leur travail payeront à leur entrée chacun 6. liv.
à la Communauté , 3. livres pour la Confrairie ,
& 3. livres à chacun des Jurés ; feront tenus de

servir les Maîtres en cette ville de Paris, cinq années entieres ; sçavoir trois ans chez l'un d'eux sans le quitter, & les deux autres chez un autre Maître, ainsi qu'il avisera : plus pourra être admis au chef-d'œuvre & non autrement, à peine d'amende, & payera lors de sa réception la somme de 300. livres au profit de la Communauté, 10. liv. à la Confrairie, 6. livres à chacun des Jurés & Doyen, & 3. livres à chacun des Anciens qui y assisteront, & autres frais ordinaires, suivant & conformément aux Arrêts du Conseil d'Etat des 22. Mai 1745. & 1. Février 1746. & 3. liv. à l'Hôpital Général, suivant l'Arrêt du Parlement du 6. Septembre 1659.

A R T. X.

Les apprentifs ou compagnons qui, après avoir fait leur temps épouseront des filles ou veuves de Maîtres, ne seront tenus qu'à une légere expérience qu'ils feront en présence des Jurés, & payeront pareil droit que les fils de Maîtres : mais les apprentifs qui avant le temps de leur brevet d'apprentissage fini, épouseront des filles ou veuves de Maîtres, payeront les mêmes droits que les apprentifs qui auront fini leur temps d'apprentissage, & 3. livres à l'Hôpital Général.

A R T. X I.

Les fils de Maîtres de la ville de Paris, nés en loyal mariage, seront admis à la maîtrise pourvu qu'ils en soient jugés capables par les Jurés sur la piece, qu'ils seront tenus de faire en leur présence

en

en la maifon de l'un d'eux, ou au Bureau, & payeront 10. livres à la Communauté, 5. livres à la
Confrairie, & 3. livres à l'Hôpital-Général, outre
les droits portés par l'Arrêt du Confeil d'Etat du
Roi du 22. Mai 1745.

A R T. X I I .

Les fils de Maîtres nés avant la maîtrife de leurs
peres, payeront pour leur reception à la maîtrife
les mêmes droits que les apprentifs & compagnons
qui ont fini leur temps, fuivant les Arrêts du Parlement des 17. Septembre & 11. Décembre 1744.

A R T. X I I I .

Les veuves de Maîtres jouiront pendant qu'elles demeureront en viduité, de la maîtrife de leur
mari, & pourront tenir boutique ouverte, & l'apprentif qui étoit fous leur mari décédé, pourra
achever fon tems d'apprentiffage avec la veuve;
& au cas qu'elles ne vouluffent point continuer la
profeffion ou qu'elles vinffent à paffer dans un autre état, alors fur l'avis qu'elles feront obligées d'en
donner aux Jurés, à peine de 20. livres d'amende au
profit de la Confrairie, mettront l'apprentif chez
un autre Maître qui n'en aura point.

A R T. X I V .

Celui qui voudra parvenir à la maîtrife, fera
tenu de faire de fes mains au Bureau de la Communauté, le chef-d'œuvre qui lui fera indiqué
par les Jurés; & en cas qu'il s'en foit dignement
acquitté, & qu'il foit jugé capable, il en fera fait

rapport au Procureur de Sa Majesté audit Châtelet, dans les vingt-quatre heures, & puis l'aspirant sera admis à faire le serment en la maniere accoutumée.

A R T. XV.

Tout aspirant, après avoir fait son apprentissage, & servi les Maîtres le tems ci-dessus prescrit, sera tenu de faire de 5. pieces une parfaite & complette ; sçavoir, une bourse à jettons en velours brodée d'or, d'argent ou soye doublée de taffetas, satin ou autres étoffes, & entre la doublure & le dessous de ladite bourse sera un cuir pour la maintenir, soit chamois, façon de chamois tanné ou de megie paré ou non paré, & les cordons de de ladite bourse seront quarrés ou ronds, or ou argent avec boutons, crépine, frange ou autre garniture convenable à la qualité & richesse de ladite bourse, ensemble une gibeciere de maroquin, élan, cuir ou autre étoffe avec ressort cambré ou autrement : d'argent, cuivre, acier ou fer, & piquée d'or, d'argent, soye ou fil & à deux chefs, laquelle sera doublée, si besoin est, de bon cuir ou étoffe, & le col de bonne largeur & grandeur suivant la proportion du ressort & garniture, un buffle à usage d'homme piqué à deux chefs, après avoir été bien taillé & coupé, lequel sera doublé, si besoin est, bordé nonobstant les modes dont l'usage & la maniere changent ; un bonnet quarré garni de sa houpe, & autres bonnets à uſage d'homme en étoffe d'or , argent ou velours coupé à quatre carres, ſur le fil de l'étoffe, & non de biais, brodé ou chamaré en or ou argent avec glands ; aſſortimens doublé d'étoffe de ſoye avec une houatte entre deux bien & duement couſu : une toque d'enfant ou autres bonnets garnis de carton tel qu'il ſera ordonné par les Jurés ; & enfin une calotte de maroquin, chagrin naturel ou chagriné à trois cuirs , ou de ſatin coupé à huit pans, couſue en arriere-point en ſoye , avec cordons de ſoye en dedans doublée d'un bon maroquin bien & dûement étoffé.

A R T. X V I.

En confirmant les anciennes Ordonnances rendues en faveur de ladite Communauté , les Maîtres d'icelle ſont conſervés dans le droit , & la faculté de faire ſeuls, vendre & débiter, faire travailler & ouvrager dans leurs maiſons , boutiques & magazins par eux, leurs enfans, compagnons, & gens à leur tâche , toutes ſortes de bourſes , gibecieres , gibernes , brayers , bonnets , tant d'hommes que de femmes ; toques & bourlets d'enfans de toutes ſortes de façons , & de telle étoffe que ce puiſſe être, bourſes à cheveux , lanternes ployantes pour la poſte ou autres garnies de toile ou taffetas ; croix & bottines de fer ou cuivre, pour redreſſer les enfans ; ſuivant la Sentence de Police du 1. Septembre 1747. confirmée par Arrêt du Parlement du 5. Octobre de la même année ; paniers d'ozier garnis de bon cuir en dedans appellés sceaux de ville, cartouches & autres ouvrages dépendans dudit art, soit en cuir, velours ou autres étoffes d'or, d'argent, soye ou autres étoffes généralement quelconques : pourront aussi les Maîtres Boursiers faire vendre & débiter les parasols, parapluies tels qu'ils se font aujourd'hui de toutes sortes façons.

Art. XVII.

En expliquant les 33. & 34. art. des Ordonnances de 1414. & 1659. lesdits Maîtres seront tenus de lottir entre eux les marchandises de cuir & peaux servans audit métier, qui seront prises dans la distance de vingt lieues, soit qu'elles ayent été amenées par les Marchands forains, ou qu'elles ayent été achetées par les Maîtres de la Communauté en leur nom ; & à l'égard des cuirs qui viendront au-delà des vingt lieues, les Maîtres qui les auront achetées les feront venir en leurs noms, risques, périls & fortunes, & pour eux seuls, en rapportant le certificat du Juge ou Notaire du lieu où ils les auront achetées, le tout, suivant la Déclaration de 1662. pour les employans cuirs ; & les Arrêts de la Cour des 3. Août 1690. 30. Avril, & 7. Mai 1712. qui permettent d'avoir des marchandises brutes & parfaites dans les magazins, pour faire les ouvrages dudit art, sans néanmoins les pouvoir vendre en piece, ni autrement que travaillées.

Art. XVIII.

Suivant le 29. art. de l'Ordonnance du 1. Mars

1414. les marchandifes ouvragées & danrées dépendans dudit métier expofées en vente en la maifon, boutiques & autres lieux, foit des Maîtres ou
de toutes autres perfonnes que ce puiffe être, que
les Jurés trouveront défectueufes ou en contravention, feront par eux faifies, & les cantrevenans
condamnés en 10. liv. d'amende envers l'Hôpital-
Général.

A r t. X I X.

Toutes les marchandifes foraines dépendantes
dudit métier mifes en œuvres, ne pourront être
amenés dans la ville de Paris, que pendant les foi-
res établies en icelle ; & feront vûes & vifitées par
les Jurés en charge de ladite Communauté, à peine
d'amende arbitraire.

A r t.   X X.

Pour éviter tous abus, aucun Maître dudit métier ne pourra, fuivant l'art. 27. des Statuts de
1574. & de ceux de 1659. tranfporter hors de fa
maifon, boutique ou magazin, pour envoyer en
foire ou ailleurs, aucuns ouvrages, comme brayers,
collets, cols de velours, brodés ou non brodés,
collétins de buffle, culottes, caleçons, bas,
chauffons de chamois; guêtres, calottes de maroquin, chagrin naturel ou chagriné de drap ou fatin, portes-collets de drap ou autres étoffes, bonnets de coupe & couture, lanternes ou falots de
pofte; bourfes à cheveux, facs à poudre, foufflets

à poudre & pouf, tabeliers à bourses, poches doublées, cousues & non cousues; bourses, sacs de nuit & autres, soit en peaux, étoffes d'or, argent, velours, taffetas ou autres, & aucunes autres sortes d'ouvrages telles qu'elles puissent être, qu'ils n'ayent auparavant été visités par les Jurés, à peine de confiscation au profit de Sa Majesté, & de 400. liv. d'amende au profit l'Hôpital-Général, & de la Communauté par moitié.

Art. XXI.

Suivant les articles 19. & 27. desdites Ordonnances de 1414. & 1574. confirmées par Arrêt du Parlement du dernier Août 1641. nul ne pourra se mêler dudit métier, que celui qui aura été reçu Maître Boursier, auquel, outre les ouvrages énoncés esdits articles précédens, appartiendra seul le droit de faire, vendre & débiter toutes sortes de bourses, gibecieres, brayers, étuis grands & petits, sacs ou carreaux à mettre sous les genoux; grands sacs de velours pour les Dames, brodés & galonnés d'or & d'argent, tant sur les coutures, que couché, & sacs de drap pour les veuves; & feront lesdits sacs & carreaux garnis de cordons ronds, plats ou quarrés, le tout à la volonté des particuliers, même faire auxdits ouvrages, frezettes, boutons à point de Milan & de Florence, rosettes, crépines, arrieres-points, pratiques, chaînettes pour l'usage desd. bourses ou sacs, & généralement toutes sortes d'ouvrages de sacs ou bourses

fermans à cordons , boutons , ou à reſſort le tout
à peine de confiſcation, moitié au profit de l'Hôpital
Général , l'autre moitié au profit des Jurés; à la charge néanmoins que les broderies ſur tous les ouvrages qui leur eſt loiſible de vendre & débiter , aux
termes des préſens Statuts , feront faites par les
Maîtres Brodeurs ſeulement , ſans que les Maîtres
Brodeurs puiſſent faire monter , ni vendre aucuns
deſdits ouvrages.

ART. XXII.

Défenſes & inhibition ſont faites expreſſement
aux Maîtres de ladite Communauté , de colporter
ou faire colporter en quelque maniere que ce ſoit,
ou puiſſe être , les marchandiſes dudit métier, à peine d'amende comme deſſus , conformément à la
Sentence de Police du 1. Juillet 1734.

ART. XXIII.

Pareilles défenſes ſont faites ſous les peines ci-
deſſus , auxdits Maîtres Bourſiers d'appeller , ni
faire ſigne à aucuns Marchands qu'ils pourroient
voir & appercevoir dans la maiſon ou boutique de
l'un des Maîtres de ladite Communauté.

ART. XXIV.

Nul Maître de la Communauté ne pourra mon-
trer , vendre ni débiter les marchandiſes dudit métier , les fêtes ſolemnelles de l'année , les ſaints jours
de Dimanches , fêtes de Notre-Dame , fête de S.
Brieux , & de Notre-Dame de la Fontaine , patrons
de la Communauté ; & autres fêtes de l'Egliſe , &

payeront lefdits Maîtres 20 f. chacun par année pour la Confrairie, à peine de 10 liv. d'amende.

Art. XXV.

Suivant les anciennes Ordonnances de 1414. & 1574. confirmée par Arrêt du Parlement du dernier Août 1641. les Maîtres de ladite Communauté pourront faire, vendre & débiter toutes fortes de bourfes, tant en points noués, qu'à petit métier ou tricottées, tant en or, argent que foye & fil, monteront & garniront lefdites bourfes de cordons, glands & frange en foye, or ou argent, tant fin que faux, fuivant la volonté des particuliers, le tout bien & duement fait, fans qu'il leur foit néanmoins permis de mêler le faux avec le fin, à peine d'amende arbitraire.

Art. XXVI.

Lefdits Maîtres continueront la fabrique & le débit de leurs ouvrages de foye à points fins, pour faire bourfes, facs & paniers à ouvrages de Dames, les carreaux, bonnets & bourrelets d'enfant de toute façon, calottes de maroquin ou autres fortes de peaux & étoffes pour Prêtres & Evêques, & autres fuivant leurs anciennes Ordonnances ; l'art. 27. des Statuts de ladite Communauté de 1659. enregiftrés au Parlement le 6. Avril 1664. les Arrêts du Parlement des 3. Août 1690. 5. Février 1715. les Sentences de Police des 7. Décembre 1714. 10. Décembre 1717. & 21. Juin 1720. l'Arrêt du Parlement du 30. Juillet 1740. ceux du

Confeil

Conseil d'Etat privé, du 10. Octobre suivant, 21. Août 1742. & autre Arrêt du Parlement du 31. Juillet 1745. ainsi qu'ils ont fait par le passé.

A r t. XXVII.

Ce qui est prescrit par l'art. 22. des anciennes Ordonnances sur le fait des ouvrages de taffetas, sera observé pour ceux de gros de tours, damas, tabis, velours & autres étoffes de soye, or ou argent, pour faire des bonnets & sacs de livres & flacons, étuis, & de tous autres bijoux.

A r t. XXVIII.

Comme aussi l'heure du travail porté par l'art. 21. des anciennes Ordonnances, sera continuée, & pourront lesdits Maîtres forger & battre sur l'enclume les ressorts des bourses, gibecieres, brayers, bandages, même les bottines & croix de fer pour les enfans ; à l'effet dequoi tous les outils nécessaires, comme peignes à border attachés sur billot, pesson pour adoucir les peaux sans les travailler, bancs à tirer, enclumes, étaux, forges, limes, pinces, tenailles & autres outils leur seront conservés pour l'utilité de leur métier.

A r t. XXIX.

Toutes bourses de velours pour demi-ceint servant à femmes, à douze, seize & vingt quatre carts, seront bien & duement doublées de bon cuir passé en mégie, puis brodées au brodoir, tant en or, qu'argent & soye, & cousues de soye ; & tous les sacs & paniers à ouvrages de taffetas, tabis, satin & au-

C

tres étoffes brodées & non brodées, feront garnis
de rubans ou treffe ; & les fonds defdits paniers
feront de bon carton ou ozier couverts, tant en
dedans que dehors de pareilles étoffes, & attachés
& coufus de foye ; les cappottes & étuis à chapeaux de toile cirée, feront bien & duement faits
& coufus avec de bonnes nervures, & le bordé
d'étui à chapeaux fera rendoublé, à peine de 3 liv.
d'amende fuivant la Sentence du 1. Septembre
1747.

Art. XXX.

Toutes fortes de bourfes plattes & rondes, tant
en cuir d'Efpagne, que franchipanne ou autre
cuir, ou étoffe généralement quelconques, feront
taillées du bon fens de l'étoffe dont elles feront faites, auront les embouchures larges à proportion
de leur hauteur, feront doublées de fatin, taffetas
ou tabis, à la referve de celles d'étoffes auxquelles
fera mis un cuir entre deux ; toutes feront bordées
d'or, d'argent ou foye, & coufues en foye.

Art. XXXI.

Toutes fortes de bourfes à jettons, de velours
ou autres étoffes en broderie d'or ou argent, &
généralement toutes fortes de bourfes & facs de
telle nature & étoffe qui s'en puiffe faire, feront
bien & duement doublées de bon cuir paré ou non
paré, couverts de fatin ou taffetas, fuivant l'inten-
tion du Marchand, & bordées au peigne, tant en
or, argent ou foye, coufues de foye, garnis de

boutons & cordons de longueur fuffifante, pour
en faire commodément l'ouverture : comme auffi
toutes bourfes pour porter le S. Viatique, & les
faintes Huiles en velours, damas ou autres étoffes,
les poches de cuir de mégie & autres coupées fim-
plement, fans être coufues, feront de bonne grandeur, & bien proportionnées fañs trous, fiftures,
effondrures & coutelures ; & celles qui feront coufues appellées poches doubles, feront garnies d'un
bon cordon & bouton, le tout exclufivemeñt à
tous autres, fuivant l'Arrêt du Parlement du dernier Août 1641. & fans néanmoins que lefdits
Maîtres puiffent travailler ou façonner les cuirs &
peaux.

Art. XXXII.

Tous collets, colletines de buffle & d'élan, bas,
guêtres, chauffons, culottes & caleçons de chamois
à ufage d'hommes & femmes feront dorénavant
bien & dûëment taillés de peaux de dain, élan, bouc,
chevre, cerf, volaque, mouton, & autres peaux
de toutes fortes de couleurs paffées en huile & de
bon cuir blanc, ou couleur en mégie bien corroyé, non corrompu, fans trous, coutelures, effa-
vures ni effondrures qui puiffe leur porter domma-
ge, feront bien & dûëment coufus, tant de foye
à deux chefs, qu'à l'éguifle, découpés, piqués,
brodés, fi befoin eft, garnies & renforcés au tour
de la ceinture & gorgerin de pateletres, & renforts
fuffifans pour paffer l'éguillete ; même lefdites cu-

lottes & caleçons feront garnis de bourferons &
poches, fans qu'ils puiffent apprêter, ni employer
aucuns cuirs de bœuf & de cheval pour le buffle ;
le tout conformément avec les Maîtres Peauffiers
& Tailleurs d'habits, fuivant les Arrêts du Parlement des 31. Mars 1665. 23. Mars 1686. & 5.
Mars 1688. fans néanmoins que lefdits Maîtres
Peauffiers & Tailleurs puiffent coudre lefdits ouvrages à deux chefs, le tout à peine de confifcation
& d'amende.

Art. XXXIII.

Feront enforte lefdits Maîtres Bourfiers, que toutes gibecieres, fauconnieres garnies de cuir ou autres, foient doublées de bon cuir de mégie paré ou
non paré, fans pieces, coutures, ni effondrures garnies de loquettes, platines & chaînettes ; même les
fauconnieres fervans à la chaffe feront de bon treillis
renforcée de toille, garnies à leurs embouchures de
bon cuir paffé en mégie, enfemble de leur fer ; &
feront parfaitement bien liées autour du fer, &
les garnir de bon filet, doublées de bon treillis ou
toile, garnies en dedans de bourferon auffi de toille, à peine d'amende.

Art. XXXIV.

Suivant l'art. 25. des anciennes Ordonnances,
confirmées par Arrêt du Parlement du dernier Septembre 1636. les Maîtres dudit métier feront con-
fervés dans la faculté de faire, forger & garnir feuls
toutes fortes de brayers pour la guerifon defdites

centes, foit en fil de fer ou acier, avec boucles &
crochets auffi de fer ou acier, & autres façons.

A R T. XXXV.

Et afin que lefdits brayers auffi-bien que les bottines, croix ou colliers de fer, foient au foulage-
ment de ceux qui en auront befoin ; les brayers de
fer, d'acier & de fil de fer, feront bien & duement
garnies de bon cuir de mégie, de chamois, toile
ou futaine ; les écuffons feront pleins de bonne laine ou bourre, le tout proprement, adroitement &
parfaitement coufus ; les bottines bien & dûement
forgées, bien rivées & proprement garnies ; les croix
de fer ou colliers forgés bien droits, ajuftés & garnis de bon velours bien coufus, le tout à peine de
confifcation & d'amende contre les contrevenans.

A R T. XXXVI.

Tous facs de velours fervans à mettre des papiers
feront coupés fuivant le fil du velours, & non de
biais, ainfi que tous les autres ouvrages ; ils feront
doublés de bon cuir de mégie paré ou non paré,
fans trous, coutelures n'y effondrures : il y aura un
parement de taffetas ou autre étoffe neuve à l'embouchure : ils feront bordés fur les bandes de foye,
& coufus de foye, fans qu'il foit permis d'y employer de fil, & feront garnis de bons cordons,
houpes, boutons, crépines, franges, de bonne foye,
or ou argent, à la volonté des particuliers.

Art. XXXVII.

Tous facs à mettre fous les genoux, appellés préfentement carreaux, ou autres facs à mettre des livres d'Eglife, breviaires & autres, les couffins pour pofer les miffels, plottes & fignets feront remplis de crin, bourre de bœuf, plumes ou duvet & non de mauvaife embourure de drap, & feront galonnés d'or, argent & garnis de glands & franges, les bonnets quarrés avec leurs houpes ou fans houpes, bonnets de femmes piqués ou non piqués, foit en toutes fortes d'étoffes, toile, futaine ou bazin & toutes fortes de bonnets à ufages d'hommes, femmes ou enfans feront pareillement coupés fur le fil du velours ou étoffes, & non de biais; les facs à mettre les livres d'Eglife ou fervant à autres ufages feront bordés ou galonnés d'or, d'argent ou foye, & les bordures feront coufues de foye & non de fil; à l'embouchure defdits facs il y aura un parement de taffetas ou tabis neuf, & feront doublés de bon cuir de mégie paré ou non paré, toile ou treillis & garnis de leur bouton, houpes, glands, franges & cordons en foye, or ou argent, fans qu'il foit permis de mêler le faux avec le fin; comme auffi les bonnets de Couriers à gorge ou fans gorge tenans lieu de l'ancien bonnet de chaffe-marée, feront garnis d'une bonne houatte entre le deffus & le deffous, feront doublés, ainfi que toutes autres fortes de bonnets de foye, toile, futaine, molleton ou autre étoffe,

le deſſus en étoffe d'or , d'argent & ſoie , brodés
ou galonnés à la volonté du public ; mais toujours
coupés ſur le bon ſens de l'étoffe , à peine d'a-
mande : le tout ſuivant & conformément , à l'é-
gard des bonnets aux Arrêts tant du Conſeil que
du Parlement ci-devant dattés.

Art. XXXVIII.

Feront leſdits Maîtres tous ſacs de maroquin ,
cuir noir ou autres couleurs de bon cuir bien cor-
royéſans trous ni fiſtures ; ils ſeront renforcés d'une
bande de cuir par l'embouchure & garnis de bons
cordons. A l'égard de ceux qui ſeront de mégie , ils
ſeront bien paſſés ſans défaut ni trous ; les ſacs qui
ſeront au-deſſus d'une peau ſeront renforcés par
l'embouchure d'une bande & d'une nervure dans
les coutures avec de bons cordons pour le fermer: les
ſacs pour les luſtres , piſtolets , fuſils & autres ſeront pareillement faits de bon cuir de mégie blanc
ou de couleur avec des nervures dans les coutures
ou de toile ou friſe , les couvertures des bureaux ou
commodes ſeront garnies de maroquin , baſane ou
autres , les rebords ſeront garnis d'une bande de
même bien couſue ; & s'il eſt néceſſaire d'une nervure dans ladite couture , comme auſſi tous paniers
d'ozier appellés ſceaux de Ville ſeront garnis en de-
dāns de bon cuir de mégie de Paris ou de campagne
non paré ſans graiſſes , trous , coutures ou effondrure
avec nervure couſue de bon fil de chanvre ou Breta-
gne bien ciré ; & ſera ledit cuir bien attaché avec fi-

celle de fouet à l'embouchure dudit panier, à peine de confiscation & d'amande.

Art. XXXIX.

Les tabliers à bourses, ceintures à porter l'or & l'argent, bourses, bourserons, poches & pochettes, feront de bon cuir passé en mégie ou chamois, ou façon de chamois, le tout paré sans trous, fistures ni autres défauts ; même lesdits tabliers à bourses feront garnis de deux, trois ou quatre bourserons qui auront leurs ouvertures de bonne largeur, cousus de bon fil double, avec nervures le long desdits tabliers à bourse, & la ceinture fera piquée par espace de deux doigts le long d'icelle fermant de bonnes lanieres : les poches des femmes feront bien cousues d'un bon fil double avec nervure dans la couture avec bourserons ou sans bourserons, ainsi que toutes autres sortes de tabliers de cuir pour tel usage que ce puisse être.

Art. XL.

Les sacs de nuit & de toilette tant de serge, moquette, que brocatelle, ou autre étoffe, feront doublés de bon cuir de mégie non paré & sans défauts, feront bien cousus, garnis de bons cordons de laine, ou fil, tel que le Marchand le souhaitera ; & les sacs de peaux de veau à poïl, feront renforcés d'une bonne bande sans pieces ; & aussi les sacs de peaux de moutons à poil sans être parés, feront faites sans aucuns défauts, & ainsi que les autres ci-dessus.

XLI.

Art. XLI.

Toutes gibecieres & bourſes à reſſorts , tant en argent , que cuivre ou acier poli ou non poli , ſoudé ou non ſoudé , ou même ſans fer , ſeront de buffle , chamois , maroquin , élan , loup-marin , mégie ou autre cuir , elles ſeront de bonne largeur , doublées de bon cuir de mégie ; à l'égard de celles à reſſorts , elles ſeront bien liées d'un fil de laton , ou clouées & bien rivées : & celles ſans reſſort fermeront avec de bons boutons ou cordons avec houpes ; les cartouches ſeront faites & garnies ſur un bon bois de noyer ou autres bois , ou fer blanc à pluſieurs trous couverts d'une bonne bazanne , cuir de veau ou autre cuir ſans être paré , garnies de deux bonnes bourſes de bazanne ou autre cuir , ou coutil couverts de patelettes attachées avec deux bandes clouées & couſues à deux chefs ; les patelettes de veau ou vache tannés & bien corroyés , garnies de leurs ceintures de vache toute d'une piece ; les gibecieres ſervant aux grenadiers ſeront de buffle ou autre cuir garnies de bourſes , de treillis ou toile , ſeront auſſi couſues à deux chefs , à peine d'amende ; ſuivant l'Arrêt du Parlement du 31. Juillet 1745. portant réglement pour les cartouches & gibernes.

Art. XLII.

Dorénavant toutes gibecieres de chaſſe à mettre du plomb ſeront garnies de leur bande & faites de buffle , chamois , loup-marin , cuir tanné ou

D

autre étoffe doublées de bon cuir de chamois ou de mégie non paré, auront huit ou dix pouces d'embouchure : la bande aura deux pouces de large, doublée de bon cuir de mégie sans être paré ; lesd. deux bandes seront bordées de soye, fleuret ou autre, & les ceintures seront d'une piece de bonne longueur & largeur, le tout à peine d'amende.

A r t. XLIII.

Toutes liasses, portes-lettres ployans, étuis ou sacs à livres, tant à bords, que sans bords, brodés ou non brodés ; étuis ployans servans à mettre des instrumens de chirurgie, trousses ou étuits ployans à mettre des razoirs ou des peignes, seront faits de cuir noir, maroquin, chamois ou façon de chamois, ou de toutes autres étoffes que ce puisse être, seront dorénavant bien & dûement faits, & cousus à l'éguille à deux chefs ou autrement.

A r t. XLIV.

Les baudriers pour chasses-marés, porte fourniment de chasse, cartouches, baudriers & gibecieres, bourses à poignées, seront doublées de bon cuir corroyé d'alun ; les embouchures de bonne largeur à proportion de l'ouvrage, garnis de bon cuir sans être paré, garnis de bons entre-deux & bourferons, le couvercle & fond desdits baudriers, cartouches & gibecieres renforcés de bois, papier fort ou carton, cousus à deux gros chefs ou à l'éguille. Les bourses à poignées seront faites de bon cuir corroyé d'alun ou de mégie avec un doublon bien garni de boutons à trois pointes suffisamment attachés de bon cuir & seront les poignées desdites bourses de bonne longueur & grosseur selon la proportion d'icelles ; le tout à peine de 10. liv. d'amende, moitié au profit de l'Hôpital général, l'autre moitié au profit de la Confrairie de ladite Communauté.

Art. XLV.

Tous étuis pour porte-bonnets, rondelles, luths, haches d'armes, épieux, morions, bêches, pioches, serpes, & autres instrumens de guerre, bourguignottes à gorge & sans gorge à bourses & sans bourses fermans à clef ou à ressorts ou boucles, seront faits à l'avenir de cuir corroyé en suif, pourront être enrichis de bandes de velours, avec arrieres-points, pratiques & chaînettes, seront proprement doublés de drap ou de toile cirée ou autre étoffe suffisamment collés de simple colle cousus à l'éguille ou à deux chefs : lorsque lesdits étuis fermeront à clef, ressort ou boucle ils seront garnis d'un tour de bois pour tenir la serrure plus ferme avec un bon pendant de cuir renforcé attaché audit étui à deux chefs : & afin que lesdits étuis & bourses ne manquent point, ils seront suffisamment surfilés par l'embouchure avec boutons à trois pointes & bons courans à tout passer.

Art. XLVI.

Pourront aussi les Maîtres Boursiers faire, à l'exclusion de tous autres, toutes sortes de sacs & bourses généralement quelconques, de telle nature & façon qui s'en puisse faire. Et à l'égard de la bourse à cheveux suivant l'Arrêt du Parlement du 23. Janvier 1737.

A r t. XLVII.

Et enfin pour l'exécution des Ordonnances ci-dessus, Arrêts & Reglemens intervenus sur icelles, défenses sont faites à tous Marchands & Artisans qui ne sont point Maîtres de la Communauté de faire lesdits ouvrages, ni les faire faire par aucuns ouvriers sans qualité ; même les Marchands Merciers ne pourront faire travailler tant chez eux qu'ailleurs, d'autres que les Maîtres dudit métier ; pourquoi il est enjoint aux Jurés de ladite Communauté de tenir la main à l'exécution des présents Statuts & Ordonnances, & ce faisant demeureront déchargés dès à présent de toutes Commissions de Justice & de Police pendant qu'ils seront en Charge seulement ; & à faute de ce demeureront déchûs de leurs Charges & amandables.

VU par Nous NICOLAS-RENÉ BERRYER, Chevalier, Conseiller du Roi, en ses Conseils, Maître des Requêtes ordinaires de son Hôtel, Lieutenant Général de Police de la Ville, Prévôté & Vicomté de Paris. Et FRANÇOIS MOREAU, Chevalier, Conseiller du Roi en ses Conseils d'Etat & Privé, Honoraire en sa Cour de Parlement, & Grande-Chambre d'icelle, Procureur de Sa Majesté au Châtelet de Paris, premier Juge, Conservateur des Privileges des Corps des Marchands, Arts, Métiers, Maîtrises & Jurandes de la Ville, Fauxbourgs & Banlieue de Paris. Les nouveaux Statuts présentés au Conseil par la Communauté des Maîtres Bour-siers-Gibeciers de la Ville & Fauxbourgs de Paris, contenans quarante-sept Articles : Notre avis est, sous le bon plaisir du Roi, & de Monseigneur le Chancelier, que lesdits Statuts ne contenans rien qui soit contraire aux Réglemens de Police, & au bien public, peuvent être accordés sans aucun inconvénient. Fait à Paris, ce 23. Juin 1749. *Signé* BERRYER & MOREAU.

LOUIS, PAR LA GRACE DE DIEU, Roi de France & de Navarre : A tous présens & avenir, Salut. Les Jurés en charge de la Communauté des Maîtres Boursiers, Colletiers, Culottiers, Caleçonniers, Faiseurs de brayers, bonnets, calottes de cuir, buffle, guêtres, bas de chamois, gibecieres, mascarines, escarcelles de drap d'or, d'argent, soye, maroquin, cuir noir blanc tanné en huile & autres étoffes généralement quelconques, de la Ville, Fauxbourgs, Banlieue, Prevôté & Vicomté de Paris, Nous ont fait représenter que plusieurs articles de leurs anciens Statuts étant susceptibles d'interprétation & d'explication attendu les differents genres d'ouvrages & de marchandises qui n'étoient point en usage, & que leur industrie ou le goût du public a depuis introduits, ils ont fait rédiger un projet de Statuts & Réglemens, tirés des anciennes Ordonnances rendues en faveur de leur Communauté, contenans quarante-sept articles, lesquels ont été présentés au Sieur Lieutenant Général de Police de notre Ville de Paris, & au Sieur Procureur pour Nous au Châtelet de ladite Ville, & par eux approuvés ; ensorte qu'il ne leur reste plus que d'être autorisés & confirmés par nos Lettres-Patentes, qu'ils nous ont très-humblement fait supplier de leur accorder. A CES CAUSES, voulant favorablement traiter les Exposans, de l'avis de notre Conseil qui a vû lesdits Statuts redigés en quarante-sept articles ci-attachés sous le contre-scel de notre Chancellerie : Nous les avons agréés, approuvés, confirmés & autorisés, & de notre grace spéciale, pleine puissance & autorité Royale, agréons, approuvons, confirmons & autorisons par ces présentes signées de notre main : Voulons & nous plaît, qu'ils soient exécutés selon leur forme & teneur, par ceux qui composent ou composeront ladite Communauté, leurs Successeurs & tous autres, sans qu'il y soit contrevenu en quelque sorte & maniere que ce soit, sous les peines y portées, pourvu toutes fois qu'au contenu desdits Statuts, il n'y ait rien de contraire aux loix & coûtumes ni préjudiciable à nos droits & à ceux d'autrui. SI DONNONS EN MANDEMENT à nos amés & feaux Conseillers les gens de notre Cour de Parlement à Paris, Prévôt de ladite Ville, ou son Lieutenant Général de Police, & à tous autres nos Officiers & Jufticiers qu'il appartiendra, que ces préfentes ils ayent à faire regiftrer & leur contenu executer pléinement, paifiblement & perpétuellement, ceffant & faifant ceffer tous troubles & empêchemens, & nonobftant toutes chofes à ce contraires. CAR TEL EST NOTRE PLAISIR ; & afin que ce foit chofe ferme & ftable à toujours, Nous avons fait mettre notre fcel à cefdites Préfentes. DONNÉ à Verfailles au mois d'Avril mil fept cent cinquante, & de notre regne le trente-cinquieme. *Signé* LOUIS, & fur le repli par le Roi, DE VOYER D'ARGENSON, avec grille & paraphe. *Vifa*, DAGUESSEAU, pour confirmation des Statuts de la Communauté des Maîtres Bourfiers de la Ville de Paris.

Ces Lettres Patentes ont été obtenues en 1750, par les foins & diligences des Sieurs FRANÇOIS PONTENIER, NICOLAS DE LA CROIX, JEAN MATHIEU, & MICHEL BOUFFENOUX, Gardes & Jurés en Charge ; & ETIENNE FAISLOT DELORMÉ, Doyen.

Regiftré ce confentant le Procureur Général du Roi, pour jouir par les Impétrans de leur effet & contenu, & étre exécutés felon leur forme & teneur, fuivant & conformement aux Arrêts des 28. Août 1751. & 2. Août 1756. fuivant l'Arrêt de ce jour. A Paris en Parlement le vingt-fix Août 1756. DUFRANC.

Les préfents Statuts ont été obtenus & enregiftrés
au Parlement ainfi que les Lettres Patentes, & im-
primés par les foins & diligences des Sieurs

{ PIERRE-FRANÇOIS RUDEAU,
PIERRE-NICOLAS FOLIEZ,
ANDRÉ-LOUIS LAMARRE,
ESTIENNE CHANET, } *Gardes &
Jurés en
Charge.*

CONRAD ELQUENS, Doyen.
NICOLAS-CLAUDE FLOQUET, Ancien.

De l'Imprimerie de Guillaume Desprez, Imprimeur du Roi
& du Clergé de France 1756.

www.ingramcontent.com/pod-product-compliance
Ingram Content Group UK Ltd.
Pitfield, Milton Keynes, MK11 3LW, UK
UKHW031730170726
13836UKWH00002B/544